Reinaldo Domingos

Eu mereço ter dinheiro!

COMO SER FELIZ PARA SEMPRE NA VIDA FINANCEIRA

2ª Edição

dsop

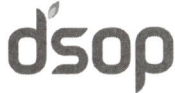

Copyright © 2013 by Reinaldo Domingos
2ª Edição - 2013

Direção editorial: Simone Paulino
Editoras-assistente: Maíra Viana e Renata de Sá
Edição de arte: Christine Baptista
Diagramação: Roseli Lima
Ilustrações: Luyse Costa
Projeto gráfico: Rodrigo Rodrigues
Revisão: Patrícia Dourado
Impressão: Intergraf Ind. Gráfica Ltda.

Todos os direitos desta edição são reservados à
DSOP Educação Financeira Ltda.
Av. Paulista, 726 | Cj. 1210 | 12º andar
Bela Vista | CEP 01310-910 | São Paulo - SP
Tel.: 11 3177-7800 | Fax: 11 3177-7803
www.editoradsop.com.br

Dados Internacionais de Catalogação na Publicação (CIP)
(Câmara Brasileira do Livro, SP, Brasil)

Domingos, Reinaldo
  Eu mereço ter dinheiro! : como ser feliz para sempre na vida financeira / Reinaldo Domingos. -- São Paulo : DSOP Educação Financeira, 2012.

  ISBN 978-85-63680-35-8

  1. Dinheiro 2. Economia - Aspectos psicológicos 3. Economia - Aspectos sociológicos 4. Economia - Obras de divulgação 5. Finanças pessoais 6. Orçamentos pessoais I. Título.

12-08859 CDD-330

Índices para catálogo sistemático:

1. Dinheiro : Obras de divulgação 330
2. Economia : Obras de divulgação 330

Dedico esta obra a você, mulher, que acaba de abrir este livro. A você que já teve a coragem de consolidar seu sucesso financeiro e a você que está em busca dele.

Lembre-se: o seu sucesso será sempre do tamanho dos seus sonhos!

Reinaldo Domingos

Agradecimentos

Quero agradecer a Deus, em primeiro lugar, por me conceder a vida e por me dar condições de criar esta obra.

Sempre quis escrever um livro especial para a mulher, no qual eu pudesse demonstrar a importância dela para a prosperidade do nosso mundo. Também queria mostrar que a mulher pode realizar tudo o que deseja e sonha, por isso o título Eu Mereço Ter Dinheiro.

Foram anos de dedicação e observação do universo feminino. Muitas tentativas foram feitas, e meu sonho de escrever para a mulher foi sendo adiado. O desafio era encontrar a forma e o tom que permitissem de verdade chegar ao seu coração, tocar sua alma e ser entendido por ela.

Falar de dinheiro para a mulher é delicado. Mas eu não podia desistir da minha missão de disseminar a Educação Financeira por meio da Metodologia DSOP. Como muitas das personagens deste livro, continuei buscando um caminho, e eis que num passe de mágica a solução surgiu claramente: falar à mulher tendo como intermediárias as heroínas dos contos de fadas.

Como nada se constrói sozinho, a este sonho juntaram-se minha diretora editorial, Simone Paulino, e minha editora-assistente, Maíra Viana. Realmente, Deus existe e ilumina aqueles que acreditam que sempre é possível ajudar alguém, mesmo quando não se sabe tudo.

Serei sempre grato a vocês, Simone e Maíra, por terem me ajudado a realizar este sonho.

Sumário

Introdução
11

Passo 1
21
Despertar
Às vezes, tudo o que a gente precisa é abrir os olhos, se levantar, andar pra frente! Já é hora de acordar!

Passo 2
29
Merecer
Cuidado com o que você deseja! Pessoas movidas por impulsos quase sempre erram.

Passo 3
39
Diferenciar
A diferença entre sonho e delírio é que o sonho é um objetivo de vida, e o delírio é algo que nos abate quando estamos com febre.

Passo 4
45
Cortar
Amadurecer é reconhecer o que faz parte da sua essência e saber abrir mão de tudo aquilo que não faz.

Passo 5
Modificar
Se você não depositar a sua fé em si mesma, ninguém mais o fará! Acredite-se!

55

Passo 6
Planejar
Todo mundo nasce com habilidades especiais! Você já descobriu quais são as suas?

61

Passo 7
Decidir
Você veio ao mundo para influenciar pessoas ou para ser influenciada?

69

Passo 8
Enxergar
Você quer ser uma pessoa que tem dinheiro ou apenas uma pessoa que aparenta ter dinheiro?

75

Passo 9 — 81
Controlar
Você precisa aprender a controlar o seu dinheiro, ou ele acabará controlando você.

Passo 10 — 87
Guardar
A gente precisa ter prazer em ter dinheiro! O erro da maior parte das pessoas é que elas têm prazer em torrá-lo, em vez de guardá-lo para si!

Conclusão — 95
Realizar
Faça acontecer! Escolha o destino que você quer ter. Você pode
e merece!

Introdução

Os contos de fadas estão impregnados de uma verdade universalmente reconhecida: dinheiro pode não ser sinônimo de felicidade, mas a falta dele pode tornar a vida muito sofrida.

INTRODUÇÃO

O fantasma da falta de dinheiro acompanha as mulheres desde que o mundo é mundo. Desde pequena, a menina tem seu imaginário bombardeado por mensagens — nem sempre muito explícitas — sobre como ter ou não ter dinheiro pode definir seu destino e determinar o grau da sua felicidade. Basta pensar nos principais contos de fadas, que até hoje operam como uma espécie de alicerce dos desejos femininos.

Lembremos que Cinderela era filha de um fidalgo muito rico, mas que, ao ficar viúvo e casar-se pela segunda vez, com uma mulher horrível e perdulária, perdeu todo o seu patrimônio, deixando a filha desamparada financeiramente. A pobre gata borralheira passa a fazer todo tipo de serviço doméstico na casa da madrasta e leva uma vida solitária e sofrida.

Branca de Neve não tem uma história muito diferente. Sozinha no mundo, depois de perder o pai, que a sustentava, sem ter o mínimo com que se manter e atormentada pela bruxa malvada, encontra abrigo na casa dos sete anões, onde lava, passa e cozinha para o pequeno batalhão, em troca de um teto para morar. No fim da história, ela é salva pelo príncipe encantado, o qual passará a cuidar dela e fazê-la, dizem, feliz para sempre.

E quem não se recorda de Rapunzel, que foi condenada por uma bruxa má a viver aprisionada no alto de uma torre, em troca da liberdade de seu pai — que havia furtado frutos do quintal da feiticeira e foi pego em flagrante?

Sabemos que contos de fadas são contos de fadas, porém essas histórias orais — posteriormente compiladas em livros — são baseadas em histórias reais de tempos muito remotos. E não há como negar que tais histórias estão impregnadas de uma verdade universalmente aceita: dinheiro pode não ser sinônimo de felicidade, mas a falta dele pode tornar a vida muito sofrida.

Se avançarmos no tempo, veremos que o dinheiro continuará sendo a mola que move o destino das mulheres. Na Roma Antiga nasce, com o direito romano, a ideia de que, para casarem, as moças precisam dispor de um dote. O dote era uma espécie de adiantamento da herança que a família da noiva transferia à família do noivo, como uma garantia de que ele pudesse arcar com as despesas que a mulher passaria a lhe dar.

Ter ou não ter um dote, portanto, fosse ele um patrimônio em dinheiro ou em bens, podia significar ter ou não ter um marido, ter ou não ter o direito de ser amada e protegida. A prática de transferir um dote ao noivo permaneceu viva até por volta do século XIX, sobretudo na Europa.

Não é à toa que vemos tantas heroínas de romances desse período histórico sofrerem por amor, ou melhor, sofrerem por dinheiro. Muitas vezes, o sonho de casar com determinado rapaz ia por água abaixo simplesmente pelo fato de que a família da moça não tinha um dote condizente com o nível social do rapaz. Esses dramas tornaram-se ainda mais comuns nos momentos de transição histórica, durante a ascensão e queda de antigos impérios ou as transformações abruptas de modos de vida.

Foi assim durante a Revolução Francesa, por exemplo, quando, com a ascensão da burguesia, as famílias aristocratas viram minar suas riquezas e poderes. Algo semelhante aconteceu durante a Revolução Industrial inglesa, quando muitos donos de terras e agricultores se viram sem nada de um dia para o outro. Ou mesmo durante os conflitos que deram origem ao que hoje conhecemos como Estados Unidos da América,

INTRODUÇÃO

quando famílias inteiras perderam os bens e a honra ao lutarem pelo ideal da liberdade. Nesses períodos, muitos dotes que garantiriam a felicidade das herdeiras viraram pó.

Conforme o tempo foi passando, a ideia do dote, tal como foi concebida, se perdeu, mas resquícios desse hábito ainda permanecem nas relações entre noivas, noivos e suas respectivas famílias. A tradição de que o pai da noiva deveria arcar com as despesas da festa de casamento, por exemplo, ou de que a moça deveria ter um enxoval pronto antes de casar é uma forma moderna e simplificada de garantir um "dote" simbólico ao noivo.

Depois da Primeira Guerra Mundial, as mulheres, que antes viviam apenas para cuidar do marido e dos filhos, tornaram-se força produtiva para compensar a falta de mão de obra, já que a maior parte dos homens estava ocupada com a guerra. Foi assim que as mulheres "conquistaram", inicialmente, um lugar no mercado de trabalho — claro, ganhando muito menos do que os homens, porque eram consideradas inferiores.

Mas o fato é que, pela primeira vez elas passaram a dispor de um dinheiro que lhes pertencia de verdade, que não era fruto da herança do pai nem do marido. Só que, com algum dinheiro no bolso, essas mesmas mulheres passaram a ser induzidas a comprar aparelhos e produtos que facilitassem sua vida doméstica. Afinal de contas, elas trabalhavam, mas, quando chegavam em casa, tinham que dar conta de todo o serviço que ficara para trás.

Com o avanço do capitalismo, as mulheres passaram a ocupar um lugar mais importante no sistema. Elas eram, ao mesmo tempo, mão de obra barata para a indústria e consumidoras potenciais para os produtos que as indústrias fabricavam. Foi o suficiente para que a publicidade passasse a estudar o comportamento feminino, mapear seus desejos e oferecer todo tipo de mercadorias de que elas precisavam – e as de que não precisavam também.

Hoje em dia, as coisas mudaram bastante. A mulher deixou de ser um apêndice do homem, ganhou espaço em todos os terrenos possíveis e imagináveis, conquistou a independência sexual, cultural e política. Mas essa evolução só fez aumentar a necessidade do dinheiro. Afinal de contas, além de dona de casa, mãe e trabalhadora, ela também passou a precisar investir em seus estudos, cuidar do corpo, andar na moda e estar atenta às tendências, se não quisesse ser deixada para trás – seja pelo marido, seja pela empresa em que trabalha etc.

O que vemos é que, apesar de toda a evolução, a maioria das mulheres não alcançou a rigor uma verdadeira independência financeira. Mesmo aquelas mulheres que desenvolveram uma vida profissional sólida e que não dependem mais de seus pais e maridos, em grande parte das vezes, dependem dos seus chefes ou clientes. Submetem-se, não raramente, a outros homens (já que a maioria dos cargos de chefia ainda permanece nas mãos masculinas), muitas vezes se sacrificando por um trabalho que lhes permita construir na atualidade outra espécie de "dote".

Sim, porque experimente perguntar para um rapaz jovem, de menos de 30 anos, digamos, se ele se casaria com uma mulher que não tivesse uma profissão e não trabalhasse para dividir as despesas. A resposta seria, provavelmente, um sonoro "não, de jeito nenhum", pois os homens, atualmente, não só desejam, como em alguns casos exigem que a mulher seja tão responsável quanto eles na divisão dos compromissos financeiros.

INTRODUÇÃO

Hoje em dia, os próprios pais, quando querem orientar uma filha, deixam desde cedo muito claro que o tempo de ser sustentada por um homem já passou. Tanto os pais quanto as mães quase sempre aconselham suas filhas a buscar sua independência.

A questão é que a "independência" à qual eles se referem é uma independência apenas parcial. A ideia é: "Estude, trabalhe, ganhe seu próprio dinheiro, para não depender de pai nem de marido". Ótimo! Esse é um ensinamento fundamental. Mas não é tudo.

Ao longo das últimas décadas, as mulheres vêm demonstrando de todas as formas possíveis que são capazes de dar conta desse recado. Elas são de longe as que mais estudam, lideram o mercado de trabalho em muitas áreas, conquistam cada vez mais espaços, se arriscam e se dão bem em toda e qualquer atividade profissional.

Sabemos o quanto essa força e essa garra mudaram o perfil social e cultural do nosso tempo. Cada vez mais mulheres chefiam suas famílias. Cada vez mais mulheres são responsáveis pelo maior rendimento da casa. Cada vez mais mulheres bancam todas as despesas, até mesmo quando são casadas.

Além disso, são milhões de mulheres solteiras, em todas as faixas etárias, que estão em plena produtividade, gerando recursos para si próprias e para os outros. Mas, infelizmente, é muito pequeno o número de mulheres que têm independência financeira de verdade, porque o conceito de independência financeira pressupõe mais do que "ter o seu próprio trabalho e ganhar o seu próprio dinheiro".

Só é independente financeiramente a mulher que puder dizer que, se algo lhe acontecer e ela tiver que parar de trabalhar, ainda assim ela terá como manter o seu padrão de vida hoje e no futuro. Ou seja, uma mulher que não dependa do marido, mas que tampouco dependa do trabalho para se manter. Uma mulher que tenha realmente dinheiro!

Se tomarmos esse ponto de partida, veremos que a maioria absoluta das mulheres, mesmo as que ganham altos salários, corre o risco de acabar como as meninas pobres dos antigos contos de fadas.

Agora você talvez esteja pensando: "Puxa, isso quer dizer que tudo o que eu fiz até hoje de nada valeu?". De maneira nenhuma! Tudo o que você, mulher, conquistou até hoje é a base para que você chegue mais longe, o alicerce para que você conquiste a verdadeira independência financeira.

Você já mostrou que tem força para superar obstáculos, lutar e vencer, mesmo em condições desfavoráveis. Seu desafio agora é conquistar a sua independência financeira.

A boa notícia é que esse processo é muito mais simples do que você imagina. Não será preciso fazer passeatas nem se submeter a uma terceira ou quarta jornada de trabalho. Basta que você tome consciência do lugar onde está e de aonde pode chegar financeiramente, se estiver disposta a conhecer mais profundamente e a mudar, se necessário, alguns dos seus comportamentos em relação ao dinheiro.

Nas minhas palestras, consultorias e entrevistas mais recentes, tenho visto o quanto as mulheres estão sedentas por informações e interessadas em orientações que as ajudem a ser melhores também em relação às suas finanças.

A mulher de hoje sabe que tem direito a uma educação financeira libertadora e que esse saber

INTRODUÇÃO

influenciará decisivamente a qualidade de vida que ela terá.

É uma crueldade ter que "se matar de trabalhar" e ainda assim viver quase sempre sem dinheiro. Essa constatação gera um nível de preocupação e frustração difícil de suportar. A falta de dinheiro tem impacto na qualidade de vida — como já dissemos.

Sempre digo que a saúde integral só é alcançada quando se tem saúde física, mental, emocional, espiritual — e financeira. É nesse aspecto que este livro pretende atuar: no equilíbrio da sua saúde financeira, o que certamente se reverterá em mais equilíbrio também nas outras esferas da sua vida.

Este livro, portanto, não tem qualquer pretensão de torná-la milionária ou fazê-la enriquecer, como prometem outros disponíveis nas livrarias. O foco é melhorar a qualidade da sua vida financeira, proporcionando mais equilíbrio à relação que você estabelece com o dinheiro. Tudo isso para que você realmente tenha dinheiro, hoje, amanhã e sempre.

Meu convite é para que você olhe para o seu comportamento diante do dinheiro e encontre um jeito mais saudável de lidar com ele. Isso com certeza fará bem não só para o seu bolso, mas para a sua mente e o seu coração, porque ter a tranquilidade de uma vida financeira saudável é fundamental para que você possa aproveitar suas outras conquistas com prazer e alegria.

Se essa tarefa lhe parecer difícil em princípio, lembre-se de que você tem uma arma poderosa para conquistar seus objetivos: a perseverança. Não desista antes de chegar até a última página deste livro, porque ele realmente mudará seu jeito de lidar com dinheiro.

Se até hoje você não conseguiu colocar a sua vida financeira em ordem, é porque recebeu, quando muito, dicas isoladas dizendo "faça isso" ou "faça aquilo". Como se alguém quisesse que você fizesse um bolo apenas com os ingredientes, sem revelar a você a receita, o passo a passo necessário para chegar lá.

Os passos deste livro são baseados nos pilares da **Metodologia DSOP**, criada por mim. Quatro capacidades (Diagnosticar, Sonhar, Orçar, Poupar) que, uma vez aprendidas, servirão para orientá-la ao longo da vida inteira. Isto é, "a receita do bolo", uma forma simples e democrática para que, daqui em diante, você saiba perfeitamente como ter dinheiro e ser feliz na vida financeira.

Passo

Despertar

Às vezes, tudo o que a gente precisa é abrir os olhos, se levantar, andar pra frente! Já é hora de acordar!

PASSO 1: Despertar

Com licença, eu posso ler os seus pensamentos? Você duvida? Pois vamos lá! Aposto que até hoje, ao refletir sobre a sua vida financeira, passavam por sua cabeça ideias como: "Quer saber, eu vou viver o hoje, o momento presente. Vou fazer uso do meu dinheiro para satisfazer meus desejos; afinal, eu trabalho tanto! Acho que mereço comprar um par de sapatos no fim do mês, jantar num restaurante mais caro ou aproveitar os sábados para ir às compras no shopping (especialmente se estou num dia "daqueles"). Eu me mato de trabalhar o ano inteiro. É mais do que justo que me permita certos mimos, certos luxos sem os quais eu não vivo. E tem mais: vai que eu morro amanhã ou daqui a seis meses; meu dinheiro vai ficar por aqui, não levarei comigo para o "Além". A gente não sabe o dia de amanhã. O futuro... a Deus pertence! Se eu morrer daqui a pouco, terei pelo menos gozado os pequenos prazeres da vida".

Será que cheguei perto de algumas das suas ideias? Se a resposta for positiva, eu quero convidá-la a refletir um pouco mais sobre tudo isso o que você pensa! Eu compreendo o seu raciocínio, mas, espera aí, existe algo que não foi mencionado nessa sua teoria.

Já pensou se você tem o "azar" de viver até os 100 anos? Eu estou até vendo! Você, à beira dos 60 anos, prestes a apagar as velinhas, dizendo a todos: "Ai, meu Deus, cheguei até aqui, e agora? Não aguento mais fisicamente trabalhar como antes. O que farei para me sustentar até os 100 anos? Como vou manter meu padrão de vida, se meu corpo e minha disposição já não são mais tão ativos como no passado? Por que eu não me preparei para o meu futuro? Ah, foi porque eu achei que ia morrer logo e, quem diria, tive o "azar" de ultrapassar a casa dos 60! E agora?".

Observando por essa perspectiva, é a minha vez de lhe dizer: você merecia mais! Mas, tudo bem; ao longo deste livro pensaremos juntos sobre essas e outras questões para que, ao final do percurso, você possa refletir e tirar as suas próprias conclusões! O importante neste momento é despertar. Sair do automatismo, descobrir quem você é, qual é o seu verdadeiro "eu financeiro", e escapar da armadilha de passar a vida embalada pelo sono profundo do consumo inconsciente, da compra por impulso.

Você certamente se lembra de uma princesa que recebeu uma maldição no dia de seu batismo. Uma velha e malvada fada, que não foi convidada para a cerimônia, lançou-lhe um feitiço: na idade adulta, ela seria picada por um fuso e cairia no sono por 100 anos, sendo despertada somente por um beijo dado por um amor verdadeiro.

Tentando proteger a filha, o rei proibiu imediatamente qualquer tipo de fiação em todo o reino, mas foi em vão. Quando a princesa completou 15 anos, descobriu uma sala escondida numa torre do castelo, onde encontrou uma velha a fiar. Curiosa, pediu que a velha a deixasse experimentar, mas na primeira tentativa levou uma picada no dedo, caindo em sono profundo no mesmo instante.

Cem anos se passaram até que um príncipe corajoso conseguiu entrar no castelo e, encantado pela Bela Adormecida, deu-lhe um beijo que a despertou e a trouxe de volta à vida. O nobre rapaz e a princesa casaram-se e viveram felizes para sempre!

Uma das interpretações possíveis dessa história, se a trouxermos para o campo analógico, é a de que a Bela Adormecida representa o perfil da mulher passiva, que passa a vida inteira pensando em fazer coisas, mas não move um músculo para realizar o que deseja. Parece às vezes paralisada. Prefere se ausentar

PASSO 1 : Despertar

do mundo a ter que lidar com os desafios que a vida lhe propõe. Não tem a coragem necessária para administrar dificuldades e limites, para enfrentar desafios, levantar-se após uma queda, lutar pelo que acredita.

    Na vida financeira, essas mulheres tendem a se manter quietinhas, sem sair do lugar, acomodadas até mesmo quando a situação financeira dá sinais de perigo. Estão sempre esperando que alguém possa chegar para resolver seus problemas: primeiro seus pais, depois o professor da escola e, em seguida, o namorado (o príncipe encantado, que logo será transformado em marido).

As mais religiosas esperam ainda pela mão de Deus. Mas, Deus já nos deu tantas coisas. Ele já facilita tanto os nossos caminhos. E a gente ainda quer que ele lute no nosso lugar? Quem tem que correr atrás somos nós! Devemos estar atentos ao que é a nossa missão no mundo.

Eu espero que você não pretenda passar o resto dos seus dias parada! Dormindo em vida, como a Bela Adormecida, ou achando que só o dinheiro de um príncipe poderá salvá-la. Já tentou abrir os olhos sozinha e ficar de pé sem ter que se apoiar em alguém? Caminhar, sentir o chão sob seus pés com segurança?

Há um mundo de experiências de vida lhe esperando. Chame a sorte, que ela virá lhe acompanhar! Mas tome a iniciativa. Quem fica parado é poste, pedra, parede. Eles não se modificam, não se movem. Repare que seus pés não estão incluídos nessa sentença. Eles são a base de sustentação do seu corpo. Você é humana, está viva. Pode fazer o que quiser. Isso não é incrível?

PASSO 1: Despertar

    Tudo é possível de se alcançar, basta querer com muita força e esticar os braços até não poder mais, para agarrar com unhas e dentes todas as coisas. Viver é mexer-se! E na vida financeira não é diferente. São ações que determinam o sucesso.

    Ei, posso ler seu pensamento de novo? Aposto que sua cabeça está borbulhando e deve ter letreiros luminosos piscando com os dizeres: "Por onde devo começar?". Talvez, tal qual a Bela Adormecida, ao despertar você esteja meio tonta, sem saber direito onde está e para onde vai. Eu estou aqui para lhe ajudar: comece pelo começo! Pergunte-se. Questione-se! Até descobrir quem você é e o que quer. Até onde vai a sua fé em si mesma? Quais são os seus planos de vida? O que sonhava? O que deseja para si? Na infância, o que você dizia que seria quando crescesse? Conseguiu se tornar pelo menos parte do que imaginava? Conquistou o que queria ter? Mora onde gostaria? Esteve nos lugares que sempre sentiu vontade de conhecer? Viajou pelo mundo? Mudou de cidade? Afinal de contas, hoje em dia, quem é você?

    Se você não tem respostas para muitas dessas perguntas, ou se suas respostas iniciais não lhe satisfazem, acho que é hora de parar um pouco e fazer um balanço da sua vida, um diagnóstico bem preciso. Não tenha preguiça ou medo de enxergar as coisas que não vão bem, pois elas estão aí, se remexendo dentro de você, revirando, fazendo mal.

    Faça de conta que estou segurando a sua mão, assim como nossos pais faziam quando éramos crianças e temíamos andar sozinhos por lugares que não conhecíamos bem. Toda caminhada é difícil quando se está só e sem saber para onde ir. Portanto, vamos dar esse primeiro passo juntos. Eu vou refazer com você o seu caminho até aqui.

Arrume um caderno de anotações. Nós precisaremos muito dele, daqui em diante!

Nas primeiras páginas, escreva um pouco sobre a maneira como tem lidado com o seu dinheiro até hoje. Depois, deixe a mente fantasiar a sua vida no futuro, daqui a 20 ou 30 anos. Como e onde gostaria de estar, o que deseja se tornar como pessoa, que aprendizados e experiências de vida quer ter para contar?

Daqui pra frente, você vai reescrever sua história incluindo nela o seu futuro. E sabe por quê? Do modo como caminham a ciência, a medicina e a tecnologia, nós vamos viver, no mínimo, 100 anos e, até lá, tem muita vida para viver!

Passo 2

Merecer

Cuidado com o que você deseja! Pessoas movidas por impulsos quase sempre erram.

PASSO 2 : Merecer

Estamos sempre falando sobre o que merecemos, já reparou? Está na boca do povo, e especialmente das mulheres: "Eu mereço...". O que mesmo? São tantos os desejos momentâneos, e eles mudam tanto de um dia para o outro. Tudo é tão veloz, que muitas vezes nem pensamos nas consequências de nossos atos e escolhas. E isso é assim desde sempre. Quer ver?

Era uma vez uma menina chamada Cachinhos Dourados. Certo dia, ela estava passeando por um bosque e encontrou uma casa vazia. A garota não resistiu à tentação e entrou para espiar o que havia lá dentro. Mal sabia ela que se tratava de um lar, onde residia uma família de ursos (pai, mãe e filho).

Na sala da casa, Cachinhos Dourados se deparou com três tigelas de mingau servidas sobre a mesa. Uma grande, outra média e uma pequena. Ela achou que o mingau da tigela maior devia estar quente demais, e o da média, um pouco frio. Sendo assim, resolveu comer o mingau da tigela menor.

Cachinhos Dourados seguiu em direção a uma segunda sala, onde avistou três cadeiras. Uma grande, outra média e uma pequena. Tentou sentar-se na cadeira maior, mas achou muito desconfortável; então experimentou a cadeira média, mas achou que era grande demais para ela. Por fim, resolveu sentar-se na cadeira pequena, que se quebrou.

Cansada, a garota procurou um lugar para repousar. Encontrou um quarto com três camas. Uma grande, outra média e uma pequena. Experimentou cada uma e resolveu deitar-se na cama menor, onde acabou adormecendo. Algumas horas depois, os donos da casa chegaram, viram toda a bagunça feita e se depararam com a menina dormindo tranquilamente no quarto.

Existem duas versões para o final deste conto de fadas. Num deles, Cachinhos Dourados se envergonha do que fez, pede desculpas aos moradores da casa que invadiu e sai correndo pelo bosque. Na outra versão, a menina é devorada pelos três ursos como castigo.

Como muitos de nós, Cachinhos Dourados viveu o momento presente e não pensou nas consequências das suas escolhas. Atendeu a todos os seus desejos imediatos sem nenhum questionamento: comeu, brincou, dormiu, orientando-se exclusivamente pela busca do prazer e, no fim da história, só lhe restou sair de cena de fininho, constrangida, ou ser devorada pelos ursos como castigo por sua inconsequência.

No entanto, não podemos esquecer: Cachinhos Dourados era uma criança, e as crianças não se controlam diante de suas vontades. Suas atitudes são ainda instintivas. Elas querem o que querem "agora" e choram, berram, fazem escândalos até que alguém atenda ao seu desejo.

Mas a verdade é que o mundo moderno está cheio de adultos se comportando como Cachinhos Dourados. Se pudéssemos fazer uma analogia entre o comportamento da personagem e o comportamento financeiro feminino na sociedade atual, caberia perguntar: você age feito uma criança na frente da vitrine de uma loja? Vai lá e simplesmente compra, sem pensar em como pagar? Ou se comporta como um adulto e pondera sobre como terminará o seu dia, o seu mês e o seu ano se contrair aquela dívida? Afinal, você age como uma mulher ou como uma menininha?

Se voltarmos ao conto de fadas, perceberemos que há algo de curioso em cada uma das escolhas que a personagem faz. Ela tende sempre a optar pelos objetos de menor tamanho. Num primeiro momento,

PASSO 2 : Merecer

mesmo sem provar as tigelas de mingau, ela imagina que a grande está quente demais, e a média, um pouco fria, o que em princípio é contraditório, porque a lógica seria imaginar que a tigela pequena estivesse fria, a média, no ponto ideal, e a grande, quente. Ou seja, ela desqualifica as opções grande e média para justificar sua escolha pela menor.

Num segundo momento, ela não se sente confortável na cadeira grande nem na média, o que também é contraditório, pois o natural seria que ela gostasse das cadeiras maiores, por ter nelas mais espaço para se recostar. Cega ao fato de que a cadeira pequena poderia não suportar seu peso, ela despreza as demais e toma assento na menor, que acaba se quebrando. Não satisfeita, Cachinhos Dourados segue para o quarto e escolhe novamente a cama menor, quando poderia perfeitamente ficar mais confortável na cama média ou na grande.

É possível levantarmos a hipótese de que Cachinhos Dourados escolheu as opções de menor tamanho simplesmente porque ela própria era pequena. Mas outra interpretação possível é de que ela se sentia atraída pelo que estava mais próximo, ou seja, por aquilo que permitiria uma gratificação mais imediata. Aquilo que poderia ser alcançado a curtíssimo prazo.

Seria perfeitamente possível ponderar ainda que o comportamento da menina espelha o comportamento de muitos de nós, quando, em certas fases de nossas vidas, nos enxergamos como menores (algumas vezes até inferiores) e concluímos, erroneamente, que não merecemos algo maior ou melhor.

PASSO 2 : Merecer

Seja como for, uma das lições que fica é a de que precisamos aprender a dimensionar melhor nossas escolhas, e a pergunta que se impõe é: será que às vezes nos contentamos com pouco e deixamos até de desejar algo melhor, excluindo de antemão a possibilidade de nos realizarmos mais plenamente? E, por oposição, será que outras vezes fazemos escolhas erradas justamente por achar que merecemos mais do que aquilo que seria razoável naquele momento?

Pergunte-se sinceramente: quantas vezes você já abriu mão das coisas por achar que não as merecia? Quantos sonhos já deixou de realizar por imaginar que não estavam ao seu alcance? E, por outro lado, quantas frustrações já acumulou ao longo da vida dando passos maiores que as pernas?

É claro que para a imaginação e para o desejo não há limites. Mas na vida real precisamos dar uma dimensão concreta ao que queremos, pois só assim as conquistas estarão realmente ao nosso alcance. Não importa o tamanho ou o preço dos seus sonhos: joias, telefones celulares, computadores, carros, imóveis, terras, viagens; o que importa é saber quanto eles custam e estabelecer um prazo para realizá-los, dentro de um princípio de realidade, sem cair no imediatismo ou no adiamento infinito.

Uma coisa é certa: se você usar todo o seu dinheiro para satisfazer os desejos imediatos, nunca conseguirá acumular uma quantia suficiente para concretizar os seus sonhos mais ambiciosos, que, naturalmente, precisam de mais tempo para acontecer, e jamais terá efetivamente dinheiro para se sentir segura e fazer as melhores escolhas, nos momentos mais oportunos.

Por isso, é fundamental que você estipule consigo mesma o prazo (dias, meses, anos) no qual pretende conquistar cada um dos seus sonhos. Se você não estabelecer datas, os sonhos ficarão distantes. Eles acabarão sendo sempre deixados para depois, mês a mês, ano a ano, e você terminará cedendo a impulsos momentâneos que consumirão todos os seus recursos.

Por exemplo, ter dinheiro guardado pode ser um dos seus maiores sonhos! Porque, se você tiver uma reserva financeira suficiente para manter o seu padrão de vida por um longo tempo, caso algo inesperado aconteça, você terá mais tranquilidade para superar eventuais imprevistos que possam cruzar o seu caminho.

Para facilitar a concretização de tudo o que você deseja, divida seus sonhos em: sonho de curto prazo (para ser realizado em até um ano), sonho de médio prazo (que será alcançado em até 10 anos) e, por último, sonho de longo prazo (acima de 10 anos).

Não caia na tentação de buscar a realização apenas dos desejos momentâneos; tenha sempre pelo menos três sonhos de prazos diferentes no seu horizonte. Assim, sua motivação se manterá sempre forte.

Aposto que neste momento você deve estar se questionando: "ok, isso pode servir para os meus sonhos materiais, mas e os sonhos que eu tenho e que não são vendidos em lojas, como casamento, filhos, uma boa forma física, a aprovação num concurso?".

Pois eu lhe digo que esses sonhos não materiais exigem ainda mais de nós. Fazem parte do que desejamos na nossa essência e, muitas vezes, revelam quem somos. Estão nessa categoria muitos outros sonhos, como o de ter sucesso na carreira escolhida, alcançar a fama, conquistar bons amigos, ser aprovada no vestibular, morar em outro país, ser feliz.

PASSO 2 : Merecer

De fato, esses sonhos podem até não ser vendidos nas lojas, mas, se você for uma pessoa próspera, uma mulher que tem sua independência financeira assegurada, terá muito mais condições de viabilizar a conquista desses sonhos também.

Tendo uma situação financeira sustentável, você poderá custear uma atividade física orientada por profissionais do ramo, bancar uma cirurgia estética para alcançar a boa forma, ter um pé-de-meia para tentar a vida em outro país, dedicar um tempo sem trabalhar para estudar e passar num concurso, e assim por diante.

E um mestrado? A vaga num emprego melhor? A faculdade de medicina? Para chegar lá, você precisará adquirir livros caros, treinamentos com bons profissionais, cursos extracurriculares com mestres na área e até estudar uma língua estrangeira, para estar apta ao que anseia. Haja dinheiro, hein?!

Enfim, o que quero dizer é que mesmo os sonhos não materiais podem depender indiretamente do dinheiro. Sem ele, suas chances de ser mais feliz e realizada se reduzem, e muito. E ter dinheiro só faz sentido se for para realizar sonhos!

Esse entendimento é fundamental para que você possa traçar seus objetivos, daqui em diante, com mais clareza e assertividade. É hora de colocar no papel todos os seus sonhos, dar a eles um prazo concreto e começar o processo de viabilizá-los.

Assim, a partir de hoje, quando você passar pela vitrine de uma loja sem cair em tentação, saberá que está abdicando de ter uma bota de cano alto da grife do momento, por exemplo, porque está trocando um pequeno prazer imediato por um sonho maior e mais importante.

Ou seja, você estará trocando a gratificação momentânea por algo melhor no futuro.

Lembre-se: quando você se guia por impulsos, você erra! Como já vimos, muitas mulheres consomem o que podem e o que não podem com a desculpa do "Eu mereço...". "Eu mereço esse vestido", "eu mereço esse sofá novo", "eu mereço esse jogo de panelas cor-de-rosa". Mas pense bem: você merece torrar tudo o que ganha nessas pequenas coisas e depois viver na corda bamba dos parcelamentos, dos empréstimos bancários, dos cheques especiais, das faturas de cartão de crédito? Você merece ficar pendurada em aluguéis porque nunca consegue guardar dinheiro para ter a sua casa própria? Você merece abandonar seus sonhos?

Vamos reformular esse bordão do "Eu mereço"?

Eu mereço ter dinheiro, e você?

Passo

3

Diferenciar

A diferença entre sonho e delírio é que o sonho é um objetivo de vida, e o delírio é algo que nos abate quando estamos com febre.

PASSO 3 : Diferenciar

Para que você possa elaborar a sua lista de sonhos, conforme vimos no capítulo anterior, seria recomendável parar, refletir bastante e questionar-se sobre a natureza deles. Afinal, até aqui, que sonhos você anda perseguindo? Quais sonhos já realizou? E quais ficaram para trás? Você está correndo atrás de sonhos genuínos, ou de vez em quando se deixa levar por delírios momentâneos? Ter essas respostas em mente, sempre vivas, lhe dará um norte a seguir, mantendo-a no rumo certo.

Existem momentos da vida em que as pessoas perdem a noção exata do que tem valor de verdade e do que não tem.

Era uma vez uma menina muito pobre, que caminhava sozinha pela cidade. Anoitecia, e o frio e a neve caíam implacavelmente por toda a região onde ela vivia. Descalça e desagasalhada, a Pequena Vendedora de Fósforos andava pelas ruas carregando nos bolsos do velho avental alguns fósforos que não tinha conseguido vender.

Era véspera de ano-novo. Através das janelas das casas brilhavam luzes e exalavam aromas das comidas preparadas pelas famílias em dias de festa. A garotinha, de aspecto miserável, recostou-se entre duas casas e por ali se encolheu. Quietinha, retirou um fósforo e o riscou. Uma chama clareou seu rosto. Ela viu-se, por alguns instantes, próxima a uma estufa de metal que a aquecia. A visão durou apenas alguns segundos, e a garota encontrou-se novamente no escuro e no frio, com o fósforo apagado na mão.

Decidiu acender outro, que também resplandeceu. Quando a luz se projetou na parede, a menina avistou uma bela casa. A mesa estava posta e havia arroz, farofa, batatas e um pato assado rodeado de maçãs.

Nesse momento, a chama se apagou e restou apenas um palitinho entre seus dedos.

A Pequena Vendedora de Fósforos, já cansada, acendeu mais um palito e, daquela vez, se viu sentada à beira de uma árvore de Natal, cheia de presentes. Luzes cintilavam entre seus ramos, e havia bolas coloridas e brilhantes, iguais às que decoravam as vitrines das lojas da cidade. Mas tudo desapareceu novamente, ao apagar da chama.

A menina acendeu outro fósforo e viu sua avó – já falecida – lhe acenar. A pequena pediu à velha senhora que a levasse embora dali e retardou o desaparecimento da visão acendendo velozmente todos os fósforos que ainda restavam.

PASSO 3 : Diferenciar

Na manhã do dia seguinte, a pobre garotinha estava deitada na neve, morta, e, ao seu lado, uma porção de palitos de fósforo queimados! As pessoas que passavam pela rua lamentavam o ocorrido e comentavam que, muito provavelmente, a menina tinha gasto todos os seus fósforos na tentativa de se aquecer, mas fora em vão.

Um dos traços que mais chamam a atenção nessa história são as visões que a personagem tem ao riscar cada um dos fósforos que carregava nos bolsos.

No clarão das chamas, ela vislumbra a estufa (símbolo do calor de que ela tanto necessitava), uma mesa farta (com a qual desejava evidentemente saciar a fome), a árvore de Natal com presentes (desejo comum a todas as crianças).

No caso da personagem, essas necessidades básicas ganharam status de um sonho alucinatório porque para ela tudo faltava. Ela não sonhava com vestidos, sapatos e carruagem. Sonhava com calor, comida e afeto. O mínimo de que um ser humano precisa para sobreviver.

Diferentemente da maioria das histórias, nesta a protagonista não teve a sorte de encontrar em seu caminho uma boa fada madrinha, daí seu final trágico. Ela vê seus "sonhos" mais básicos apagarem-se na velocidade da chama de um palito de fósforos e não tem meios de impedir que isso aconteça.

Agora eu lhe pergunto com franqueza: é assim que você espera que seus sonhos passem por sua vida? Apagando-se, um atrás do outro, em frações de segundos? Eu sei que não. Mas o que você tem feito, de concreto, para evitar que isso aconteça? Já descobriu qual é a maneira mais inteligente de fazer uso dos fósforos que carrega no seu bolso?

A Pequena Vendedora de Fósforos era apenas uma criança. Mas você não! A personagem não tinha nada nem ninguém; você tem. Por isso, seria bom começar a pensar no real valor do que você deseja, distinguindo, tanto quanto possível, aquilo que é sonho do que pode ser apenas um delírio de consumo.

Quando se vir obcecada por um determinado produto, na vitrine de uma loja, não pense que morrerá se não tiver aquilo, pois só se morre pela falta do que é essencial. Não permita que um desejo momentâneo turve sua visão e leve-a a gastar com ele todos os "fósforos" que carrega no bolso.

Quando tiver uma festa para ir, pense duas vezes antes de gastar todo o seu dinheiro na compra de roupas, sapatos, maquiagens, acessórios e salão de beleza. Lembre-se de que o evento e a sensação de novidade podem ter a duração de uma efêmera chama de fósforo. A luz não se mantém acesa por mais do que alguns momentos. E, depois, tudo o que restará em seus bolsos serão alguns "palitos queimados", sem serventia e, talvez, mais um sonho apagado do seu horizonte.

Passo

4

Cortar

Amadurecer é reconhecer o que faz parte da sua essência e saber abrir mão de tudo aquilo que não faz.

PASSO 4 : Cortar

Ao refletir um pouco mais sobre como você vem se comportando em relação ao dinheiro, acredito que tenha ficado mais fácil fazer um acerto de contas com o passado e projetar os sonhos que você quer realizar no futuro. E, ao listar esses sonhos, eu aposto que você chegou à conclusão de que eles custam caro. Por isso, é chegada a hora de colocar em prática algumas ações estratégicas para que você possa alcançar tudo o que deseja.

Para ter dinheiro e realizar seus sonhos, uma das atitudes mais importantes a ser tomada é o corte das despesas. Dolorosos, porém inevitáveis, os cortes são fundamentais para os que desejam construir um futuro mais próspero. No entanto, é preciso ter bom-senso para identificar o que pode ser cortado e o que não devemos jamais eliminar de nossa vida. Porque, quando você corta o essencial, pode estar enfraquecendo a si mesma e perdendo a motivação para realizar seus sonhos. Quer uma prova disso?

Conta-se que num distante reino subaquático morava uma jovem sereia, filha do rei dos mares, que vivia submersa no oceano, com cinco irmãs e a avó. Quando completou 15 anos, a menina ganhou do pai a permissão para subir até a superfície. Nesse dia, ela viu o céu com mais nitidez, pela primeira vez. Admirou o encantamento dos raios de sol e a maciez das nuvens. E, enquanto descobria esse novo mundo, avistou um navio que despertou sua curiosidade. Na embarcação, havia muitos seres humanos, e o mais belo de todos era um príncipe, por quem a Pequena Sereia imediatamente se apaixonou.

Ao voltar para casa, a jovem conversou com sua avó, que lhe contou um pouco mais sobre a vida humana. Ela explicou para a neta que os seres do mar chegavam a viver até 300 anos e, quando morriam, transformavam-se em espuma e desapareciam completamente. Já os seres humanos viviam um tempo menor, porém suas almas eram eternas. Elas não morriam, nem se desintegravam no mar.

Desde que conversou com a velha senhora, a Pequena Sereia passou a desejar ainda mais viver ao lado daquele príncipe, bem como ter uma alma eterna igual à dele. A vontade era tanta que acabou transformando-se numa ideia fixa.

Com esse desejo em mente, a Pequena Sereia decidiu procurar a bruxa do mar. A feiticeira entregou a ela uma poção mágica capaz de transformá-la numa moça comum, com pés e pernas humanas. Mas, em troca, a Pequena Sereia teria que dar à bruxa sua bela voz e jamais poderia retornar ao oceano.

A feiticeira alertou a moça de que, ao beber a poção, uma sensação aterrorizante lhe invadiria, como se mil facas estivessem perfurando o seu corpo. Suas pernas, apesar de se parecerem com as de uma garota comum, sofreriam, dia após dia, imensas dores e sangrariam terrivelmente todas as noites.

Além disso, ela só teria uma alma eterna se fosse beijada por um homem que a amasse verdadeiramente. Caso não encontrasse esse amor verdadeiro, cairia sobre ela uma terrível maldição: morreria com o coração despedaçado, que se diluiria em espumas do mar.

A Pequena Sereia ouviu tudo com atenção e, apesar de todos os riscos, aceitou a troca. Sofreu com o corte de sua cauda e com o nascimento das pernas humanas. Sentiu uma imensa tristeza com a perda de sua voz, distanciou-se para sempre das águas do oceano e, por consequência, viu-se longe do convívio familiar.

PASSO 4 : Cortar

Depois de muitas idas e vindas, o príncipe que a Pequena Sereia tanto amava acabou se casando com outra moça.

Muito triste, ela olhou para o oceano e avistou suas irmãs, sem as longas cabeleiras que antes possuíam. Elas tinham ofertado seus cabelos para a malvada bruxa do mar em troca de obter uma última chance para que a irmã mais nova pudesse sobreviver.

A bruxa do mar entregou-lhes um punhal que a Pequena Sereia deveria cravar no coração do príncipe antes do amanhecer. Sem coragem para cometer tal feito, ela mergulhou no mar e, ao confundir-se com as ondas, diluiu-se em espuma, desaparecendo para sempre.

Existem várias adaptações desse conto de fadas, e muitas delas terminam com um final feliz. Porém, a versão original, pouco difundida nos dias de hoje, tem como desfecho a morte da protagonista.

Seja qual for o final da história, a nós interessa observar que a Pequena Sereia opta por excluir de sua vida alguns elementos que definem quem ela é, inviabilizando, de certo modo, sua própria sobrevivência. A menina fere a sua essência ao abrir mão da cauda, da voz, do mar e da família. O conto nos faz perceber que existem coisas que podem ser cortadas de nossas vidas, enquanto outras não.

Para a vida real, fica a lição de que é fundamental termos discernimento para separar o que é vital do que é supérfluo.

No campo da nossa relação com o dinheiro, é de suma importância identificar quais hábitos de consumo são imprescindíveis e quais são dispensáveis. Essa negociação precisa acontecer, e trata-se de algo que só pode ser feito entre você e você mesma.

Porém, antes de eliminar qualquer desejo da sua vida, é recomendável que você se pergunte com honestidade: "Eu posso viver sem isso?". Antes de sair por aí fazendo cortes, é preciso também saber com exatidão como e onde eles devem ser feitos. Se o seu dinheiro não tem rendido o suficiente no decorrer do mês, seria aconselhável você se questionar para onde ele está indo e quais são os custos reais do seu dia a dia.

Para eliminar itens das suas despesas, é necessário que você visualize, de maneira real, o que anda acontecendo com o seu orçamento. Assim sendo, eu proponho que você faça uma espécie de radiografia precisa dos seus gastos; com ela em mãos, chegará a um diagnóstico real das suas finanças.

Radiografar, aqui, significa tomar nota de todo e qualquer dinheiro que sai do seu bolso. Durante um

PASSO 4 : Cortar

mês, eu sugiro que você ande sempre acompanhada de um pequeno Apontamento de Despesas, algo que seja fácil de transportar em qualquer tipo de bolsa ou até mesmo na sua carteira.

A ideia é que você registre nele todas as suas despesas no ato da compra, pois, ao retardar a anotação, você acabará esquecendo de fazê-la depois. E, dessa maneira, jamais terá um raio-x preciso da sua situação financeira mensal para poder tomar as decisões mais acertadas.

As anotações dos valores deverão ser registradas por tipo de despesa. Ou seja, em cada página, você colocará no topo a categoria de despesa a que ela corresponde, como padaria, supermercado, restaurante, bar, táxi, cinema, cigarro, salão de beleza, academia etc.

O objetivo é que, separando por tipos de despesa, você possa perceber os excessos. Após 30 dias corridos, você estará com seu diagnóstico financeiro em mãos e terá a chance de analisar microscopicamente por onde o seu dinheiro anda escorrendo e, principalmente, que cortes poderão ser feitos.

Para fazer essa análise com discernimento, é preciso questionar desde o hábito diário de mascar chicletes até o de comer pizza toda semana. Será que esses costumes são vitais para a sua sobrevivência, ou são algo que você pode viver sem? E o cafezinho do dia a dia? E a sobremesa no restaurante? Você precisa mesmo disso para viver, todos os dias? Essa é uma reflexão urgente que tem que ser feita!

Com o tempo, você perceberá que muitos dos seus hábitos podem estar obstruindo a sua busca por ter dinheiro.

O consumo da sobremesa ou do cafezinho, dentre outras despesas de pequeno porte, pode, à primeira vista, parecer irrisório, inofensivo. Porém, são justamente as menores despesas, aquelas que não costumamos notar que estamos tendo, que podem se revelar as mais perigosas.

Vícios de consumo diário, como uma pastilha, o cigarro, o chocolate, podem custar caro no fim do seu mês e do seu ano. A gordura dos custos está nos detalhes, nos excessos que você comete e que passam despercebidos.

Você pode até estar pensando que, ainda assim, não há muito o que cortar das suas despesas. Porém, ao diagnosticar, chegará a uma conclusão mais precisa e verá que muitas das coisas que você consome, na verdade, são imperceptíveis, porém onerosas: o pacote de salgadinho dentro do carrinho no supermercado; a segunda garrafa de vinho num restaurante caro; o banho demorado; o gás de cozinha; a luz do abajur da sua casa; as taxas de conveniência na hora de adquirir ingressos por telefone; a anuidade dos cartões de crédito, entre outras.

Além de tudo isso, é possível ainda reconsiderar a assinatura de alguns serviços, como a TV a cabo, por exemplo. Será que você fica tempo suficiente em casa a ponto de conseguir ver tantos canais quanto os que você paga? Precisa dos chamados "combos" de produtos e serviços, ou, na maior parte das vezes, acaba nem os usando? E as "promoções imperdíveis", as "ofertas do dia", as "liquidações totais"? Você precisa realmente disso, ou passaria muito bem sem?

Acredite, somando o valor economizado ao cortar esses e tantos outros gastos, você, provavelmente, reunirá uma quantia considerável de dinheiro, que hoje está indo para a lata do lixo. Seus sonhos podem estar sendo soterrados pelas escolhas erradas que você faz a todo momento.

Diagnosticar e, posteriormente, cortar, são as principais ações estratégicas que servirão para orientar melhor as suas escolhas daqui pra frente. Elas serão os agentes facilitadores para que você possa dar seguimento à conquista dos seus sonhos e ao que mais merece ter: dinheiro.

Passo

5

Modificar

Se você não depositar a sua fé em si mesma, ninguém mais o fará! Acredite-se!

PASSO 5 : Modificar

Até aqui, quando falamos em ter dinheiro e realizar sonhos, vimos que é imprescindível conhecer profundamente seu "eu financeiro" e ser sincera quanto à maneira como o seu comportamento vem moldando suas escolhas. Também já ficou clara a necessidade de priorizar os sonhos, materiais e não materiais, e para isso, fazer cortes nas despesas reorientando os gastos para um patamar mais sustentável.

No entanto, a maioria das pessoas alega que o maior desafio está em resistir aos apelos de consumo com os quais nos deparamos a cada esquina. Se pararmos para analisar essa dificuldade, perceberemos que, na modernidade, as pessoas parecem sofrer de uma espécie de febre de consumo.

Curiosamente, um dos principais indícios desse mal é algo que se manifesta como um tipo de "alergia ao dinheiro". Num primeiro momento, você pode achar que é exagero meu falar assim, mas observe bem; repare nas pessoas que você conhece. Aposto que não é difícil identificar entre elas várias que simplesmente não conseguem manter dinheiro nas mãos ou na conta bancária. Parecem, ao contrário, sempre desesperadas em passá-lo pra frente.

Você deve conhecer pessoas assim, que trocam todo o dinheiro que têm por coisas. Todo tipo de coisas. E, no fim das contas, têm tudo o que se pode imaginar dentro de casa, menos dinheiro. Eu digo isso com essa ênfase para que você perceba o quanto é fundamental dar mais valor ao dinheiro que tem. Afinal de contas, o dinheiro de cada um é quase sempre fruto de muito esforço e, como tal, merece um destino mais nobre.

No entanto, para mudar o seu comportamento financeiro de verdade, você precisará ter realmente muita força de vontade. Se você se sente insegura, busque no seu imaginário o exemplo das heroínas que ajudaram você a ser o que é hoje. Mire-se no símbolo de força que é a Rapunzel.

Conta a história que a mãe dela, durante a gravidez, vivia cheia de vontades. O pai da menina, de poucas posses, esforçava-se para atender aos pedidos de sua esposa.

Certa vez, a mãe de Rapunzel avistou alguns frutos no quintal da vizinha, uma bruxa malvada. Por duas noites, o marido invadiu o jardim da megera para colher os frutos e saciar o desejo da mulher. Porém, na terceira vez, foi pego em flagrante pela feiticeira. O homem implorou por misericórdia, e a bruxa concordou em perdoá-lo, deixando-o vivo, desde que a criança lhe fosse entregue ao nascer. Desesperado, o pai de Rapunzel acabou aceitando a troca, e assim foi feito. Ao nascer, a menina foi entregue à bruxa, que a aprisionou numa torre alta sem escadas ou portas.

Ao longo dos anos, sempre que a velha senhora queria subir até lá, pedia à garota que jogasse suas longas tranças. Era pelos cabelos de Rapunzel que a bruxa subia e descia da torre. Um belo dia, um príncipe que cavalgava pelo bosque ouviu o canto de Rapunzel e por ela se apaixonou. O rapaz ia até lá todos os dias, para vê-la, até que a jovem decidiu jogar suas tranças para que ele escalasse a torre.

Algum tempo depois, a bruxa acabou descobrindo que o príncipe visitava Rapunzel todos os dias. Diante dessa descoberta, a velha cortou os cabelos da moça e a levou para bem longe, escondendo-a numa floresta. Furiosa, a bruxa agiu de maneira cruel também com o rapaz, jogando-o num tufo de espinhos que terminaram por furar seus olhos.

Muito tempo se passou, até que um dia Rapunzel encontrou seu amado, e suas lágrimas tiveram o poder

PASSO 5 : Modificar

de curar os olhos dele. Assim, os dois puderam finalmente ficar juntos, sendo felizes para sempre.

Em sua trajetória, a heroína teve que mobilizar todas as suas forças para mudar seu destino. Soube usar o poder de sedução do seu canto, valer-se da utilidade de seus longos cabelos e até mesmo do poder de cura que havia em suas lágrimas. Ou seja, tudo aquilo de que ela precisava para vencer os obstáculos estava – o tempo todo – dentro dela mesma.

Assim como Rapunzel, toda mulher carrega em si uma misteriosa força que faz com que seja capaz de suportar as maiores dificuldades. A alma feminina é, por si só, uma fortaleza sem igual. Portanto, na sua vida como um todo, e na área financeira em especial, você precisa usar essa força interior a seu favor. Em vez de simplesmente deixar seu dinheiro passar das suas mãos para as dos outros, resista, segure-o com você, na sua conta bancária, sentindo aos poucos sua força de vontade aumentar mais e mais, porque logo experimentará o prazer de, em vez de gastar, juntar dinheiro.

Acumular dinheiro é um hábito que poucas mulheres desenvolveram. Antes, porque não tinham uma renda própria. Agora, porque são seduzidas a gastar. Para quebrar esse paradigma, é imprescindível uma mudança de hábitos, o que não é fácil. Até porque, muitas vezes, alguns desses hábitos são, na verdade, comportamentos aprendidos na infância. Os pais costumam ser modelos para seus filhos, e estes passam a reproduzir o comportamento tantas vezes visto, de forma inconsciente até.

Pensando assim, para auxiliá-la nessa mudança, é aconselhável que você procure saber qual era ou qual é o tipo de relação que seus pais, avós, bisavós e outros antepassados tinham com o dinheiro, e como isso se reflete na sua vida hoje. Será que você anda apenas reproduzindo um comportamento aprendido? Repetindo os mesmos erros que eles cometeram?

O importante é que você tenha total convicção de que deve e pode resistir bravamente aos apelos de consumo, reservando o seu dinheiro para aquilo que realmente possa agregar valor à sua vida. Afinal, você faz parte de uma geração que tem todas as condições para quebrar os paradigmas da história financeira da mulher na vida real e, quem sabe, tornar-se um exemplo a ser seguido pelas meninas de hoje em dia.

Passo 6

Planejar

Todo mundo nasce com habilidades especiais! Você já descobriu quais são as suas?

PASSO 6 : Planejar

Todas as mulheres possuem um poderoso dom em comum. Elas são especialistas em fazer várias coisas ao mesmo tempo. Como boas estrategistas, conseguem visualizar o todo e as partes de uma questão, tendo mais condição de resolvê-la, com planejamento e poder de ação.

A versatilidade e o dinamismo são características peculiares às mulheres e que fazem com que elas estejam aptas a conquistar tudo o que desejam. Você duvida? Então, olhe para trás e procure se lembrar do que aprendeu, quando pequena, com a Cinderela.

Conta a história que, depois da morte de seu pai, um rico comerciante, Cinderela passou a viver com a madrasta, que tinha duas filhas da mesma idade dela. A pobre gata borralheira fazia todos os serviços domésticos da casa e ainda era alvo de deboches e malvadezas. Seus únicos amigos eram os animais da floresta.

Um belo dia, o rei da aldeia onde ela vivia anunciou a realização do famoso baile, no qual o príncipe escolheria uma moça para se casar. Proibida de ir à festa porque não tinha um vestido apropriado para a ocasião, Cinderela se entristece, mas não desiste.

Decidida, a jovem tem a ideia de costurar ela mesma um vestido para a ocasião. No entanto, sua madrasta, ao perceber a intenção da enteada, dobra a quantidade de tarefas domésticas, na tentativa de lhe ocupar todo o tempo possível. Sobrecarregada, Cinderela se vê completamente impossibilitada de levar o plano adiante.

Comovidos com a situação, os animais da floresta, amigos da moça, decidem ajudá-la e, juntos, conseguem improvisar um bonito vestido para ela usar na grande noite do baile.

As duas filhas da madrasta, ao verem o belo resultado do vestido da gata borralheira, ficam possessas de inveja e rasgam cruelmente a roupa dela, deixando a moça completamente desolada.

Nesse ponto da história, surge a fada madrinha e, com ela, um vestido lindíssimo, uma carruagem de ouro e os sapatos de cristal. No entanto, ela recomenda que Cinderela volte à sua condição de gata borralheira antes da meia-noite, quando todo o encantamento seria desfeito.

Durante a festa, Cinderela conhece o príncipe, que se apaixona à primeira vista por ela. Mas, alguns minutos antes das batidas do relógio que marcariam a meia-noite, ela tem que sair correndo do salão e, na pressa, deixa para trás um pé dos sapatinhos de cristal. É por meio dele que o príncipe, depois de muito buscar, terminará por encontrar sua amada, para viver feliz ao seu lado.

Cinderela é o exemplo mais fiel da mulher que não desiste dos seus sonhos. Mesmo órfã e explorada pela madrasta, conserva a alegria e a esperança, que aparecem claramente na música que ela cantarola enquanto trabalha: "Que importa o mal que te atormenta, se o sonho te contenta, e pode se realizar...".

A partir dessa perspectiva, seria possível levantarmos o seguinte questionamento: será que o sapatinho de cristal da Cinderela caiu por acidente no salão do baile? Ou ela quis deixar, de propósito, alguma pista para que o príncipe pudesse segui-la? Eu prefiro acreditar que sim: ela pensou rápido e foi inteligente.

Cinderela demonstrou ser uma ótima estrategista! Aproveitou a oportunidade que a fada madrinha lhe deu com astúcia e sagacidade para realizar o seu sonho maior de se casar com o príncipe, algo que, em princípio, parecia inalcançável.

PASSO 6 : Planejar

A seu favor, Cinderela tinha a aptidão para a costura, a criatividade, a capacidade de fazer bons e fiéis amigos, uma beleza fora do comum e, como já dissemos, a inteligência. Tudo isso são habilidades e dons naturais que a ajudaram a realizar o seu sonho.

Dentre as tantas qualidades que já destacamos para Cinderela, vale dizer, ainda, que ela possuía a capacidade de fazer várias coisas ao mesmo tempo.

Embora atarefada com os trabalhos domésticos, Cinderela planejou uma forma de confeccionar seu próprio vestido.

Na vida financeira, a habilidade de planejar é fundamental para que a mulher se saia vitoriosa ao administrar o seu dinheiro.

Além de gastar menos, como já frisamos até aqui, é possível, também, encontrar meios para ganhar mais. Gerar, economizar e acumular renda são ações estratégicas que podem ser praticadas ao mesmo tempo e que facilitam a escalada da mulher rumo às suas realizações.

Assim como Cinderela, você também deve ter algumas aptidões naturais que talvez nem tenha percebido ainda. Toda mulher nasce com diversos talentos e dons especiais. Algumas são boas com números; outras sabem cozinhar divinamente bem; há aquelas que entendem da harmonização de cores, espaços, objetos; as que falam fluentemente várias línguas; as que têm facilidade para as artes (dança, música, teatro) etc.

O que eu quero dizer é que, além da sua profissão, deve existir algo mais que você saiba e goste de fazer. É importante que você identifique as suas qualidades, pois elas podem ajudar você a viabilizar seus sonhos.

Estou falando do uso natural de recursos que, no dia a dia, podem fazer a diferença. Cinderela, mesmo

PASSO 6 : Planejar

pobre e cheia de limitações impostas por sua madrasta, soube improvisar e confeccionar uma roupa para ir ao baile, ou seja, ela usou de forma inteligente e eficaz os recursos materiais e não materiais que tinha para chegar no que desejava.

Após uma reflexão sobre os seus próprios recursos, comece a planejar como pode utilizá-los a seu favor. De repente, você pode encontrar meios para desenvolver melhor a sua profissão, aperfeiçoar o seu talento, tendo um diferencial para o mercado, ou mesmo descobrir que pode colocar em prática uma atividade paralela, o que possibilitaria, talvez, elevar a sua renda mensal.

É importante deixar claro que, para ser uma pessoa próspera, você não tem que necessariamente ganhar mais. Em meus ensinamentos, eu parto sempre da premissa de que não importa o quanto você ganha, mas como você gasta o que ganha.

Elevar a renda mensal pode ser benéfico para a sua saúde financeira, porém não é a solução para os seus problemas, pois, se você não estabelecer uma boa relação com o dinheiro, planejando corretamente o que fazer, quanto mais ganhá-lo, mais irá gastá-lo.

Analise as suas habilidades e planeje a melhor forma de utilizá-las a seu favor nos campos profissional e financeiro, abrindo caminhos para, quem sabe, gerar mais renda, o que a ajudará a acumular uma quantia maior de dinheiro.

Por exemplo, há mulheres que fazem bijuterias, agendas, bolsas para comercializar. Existem aquelas que dão aulas particulares de inglês. Outras que vendem cosméticos por meio de catálogos. Há até as que comprometem seus finais de semana encarando os chamados "bicos", como *baby-sitter* e recepcionista em eventos, e as que praticam uma infinidade de outros trabalhos extras, os chamados *freelancers*. Cabe a você ponderar quais são os seus talentos e desenvolvê-los.

Minha sugestão é que você liste em seu caderno de notas tudo o que sabe fazer com desenvoltura, com certa facilidade. Vendo as coisas por escrito, muitas vezes nos ocorrem ideias que, de outra forma, não surgiriam. Pense principalmente em como essas habilidades podem ajudar você a ter dinheiro.

De posse dessas anotações, você conseguirá estabelecer um planejamento estratégico de modo a explorar melhor as suas habilidades e, com isso, gerar mais renda.

E não esqueça! Seus sonhos podem estar a um passo da realidade, se você tiver como meta priorizá-los no seu orçamento, planejando o uso consciente do seu dinheiro, daqui por diante.

Passo 7

Decidir

Você veio ao mundo para influenciar pessoas ou para ser influenciada?

PASSO 7 : Decidir

Você já reparou que sempre que tentam nos vender alguma coisa o produto está acompanhado de propagandas comerciais, banners de patrocinadores e slogans ressaltando gente bonita, perfeita, feliz, com frases de efeito e músicas de fundo?

Quem quer ter dinheiro de verdade precisa ter cuidado e atenção redobrada com o que se aconselha a fazer ou a comprar por aí! Quando algo lhe parecer fácil demais, desconfie! Do contrário, o preço a pagar pode ser alto demais. Literalmente.

Foi o que aconteceu com uma menina chamada Chapeuzinho Vermelho. Muito ingênua, não andava com o seu "desconfiômetro" ligado e acabou se dando mal.

Numa manhã de sol, Chapeuzinho Vermelho atravessava a floresta para entregar uma cesta de pães de mel para sua avó, que estava muito doente. Durante o trajeto, a estrada se dividiu em duas, e a menina viu-se no meio de uma bifurcação. Uma das opções era seguir um percurso mais longo, porém mais seguro, e a outra era tomar o rumo da trilha mais curta, na qual, já a tinham alertado, havia muitos perigos.

Enquanto decidia o que fazer, eis que um lobo se aproximou e passou a orientar a jovem donzela sobre qual das duas estradas ela deveria seguir.

Sem questionar, Chapeuzinho pegou a direção indicada pelo estranho, e mais: contou para ele que seu destino era a casa da vovó. Decidido, o lobo seguiu a trilha mais rápida e chegou antes que ela ao lar da velha senhora. Faminto, devorou a pobre vovozinha lambendo os beiços; depois, prevendo a chegada da netinha de capuz vermelho, disfarçou-se com as roupas e os óculos da velhinha para receber Chapeuzinho.

A menina chegou ao local e nem desconfiou de nada. Assim, foi novamente enganada pelo lobo mau, que também a devorou!

A partir desse conto de fadas, podemos traçar, por associação, o perfil do que seria uma mulher influenciável. Aquela que não toma suas próprias decisões, que não consegue escolher sozinha o caminho a seguir e se deixa guiar até por quem sequer conhece.

Na história, Chapeuzinho Vermelho é incapaz de se perguntar quem é aquele estranho que a cerca e o que pode haver por trás do que ele diz. Ingênua, não desconfia das armadilhas que podem surgir quando se propõe a caminhar em direção a um objetivo.

Fazendo uma analogia com as mulheres de hoje em dia, podemos arriscar dizer que a protagonista é uma espécie de maria-vai-com-as-outras, deixando-se influenciar pelo que ouve sem questionar, caindo na conversa de desconhecidos, facilmente seduzida pela boa lábia de um "lobo mau".

Assim como na história da Chapeuzinho, diversas encruzilhadas e bifurcações surgirão em seu caminho também. Sempre haverá pessoas que se comportarão como lobos em pele de cordeiro, loucas por fazê-la mudar de rumo e, assim, desvirtuá-la do seu caminho.

Propagandas de todo tipo tentarão ditar a forma como você decora a sua casa, como pendura o cachecol no pescoço e até o corte de cabelo do seu cachorro. *Slogans* se confundirão com ideologias, e, sem se dar conta, você se verá debaixo do chuveiro cantarolando *jingles* que estarão na ponta da língua, sem que você tenha a menor ideia de como eles foram colocados na sua cabeça.

PASSO 7 : Decidir

Estamos vivendo a era da superinformação, sendo o tempo inteiro bombardeados por "setas" que tentam nos apontar atalhos, muitas vezes enganosos.

Empréstimos bancários, crédito a perder de vista, parcelamentos infinitos são desvios perigosos para chegar mais rápido aonde se quer, pois incluem juros embutidos neles.

São armadilhas disfarçadas de facilidade, que acabam por devorar o seu dinheiro com a mesma voracidade com que o lobo mau abocanhou a Chapeuzinho Vermelho e sua vovozinha.

Por isso, às vezes, é mais sábio ir pelo caminho mais longo para obter um sonho de consumo, sem se deixar influenciar por agentes externos, juntando o seu dinheiro primeiro para, então, de posse dele, fazer a aquisição desejada.

Ao longo do processo de aplicação prática do que você está aprendendo neste livro, muitas pessoas vão lhe dizer que isso tudo é uma bobagem, que seu esforço não vai dar em nada. Suas colegas irão convidá-la para praticar shopping-terapia em seus momentos de maior fragilidade, tentando desviá-la do caminho.

Mas lembre-se! Os vencedores só são vencedores porque não perdem de vista uma coisa chamada resistência.

Resista! Resista! E... resista!

Você está trilhando uma jornada pessoal. Ela é só sua! Ninguém mais poderá entender o que a move. Então, deixe as outras pessoas fora dela. As que realmente forem suas amigas e a amarem, certamente estarão ao seu lado lá na frente.

Deixe que digam que você se tornou careta ou que anda meio desenturmada! Nada disso importa agora, porque, lá na frente, daqui a alguns anos, você estará bem de vida, e, talvez, muitas dessas pessoas que hoje a criticam não terão a mesma sorte.

Se necessário, reveja seus círculos de amizades, os lugares que tem frequentado e os produtos que anda consumindo. Será que essas escolhas cotidianas realmente a fazem feliz, ou são apenas tentativas furadas de impressionar (a quem?) ou se sentir aceita (onde?)?

Passo

8

Enxergar

Você quer ser uma pessoa que tem dinheiro ou apenas uma pessoa que aparenta ter dinheiro?

PASSO 8 : Enxergar

Estamos sempre preocupados com a nossa imagem, e zelar por uma boa aparência é, muitas vezes, a maneira que encontramos de nos sentirmos aceitos pela sociedade.

No entanto, existem pessoas que levam esse valor a um nível extremo de exagero, mergulhando de cabeça no mundo das aparências, vivendo, muitas vezes, em um mundo de ilusão. Muitos acabam, erroneamente, focando todo o seu empenho em construir um perfil estético – e, às vezes, até virtual – que consideram perfeito, porém se esquecem completamente do que está em sua essência.

Era uma vez uma moça chamada Bela, filha mais nova de um poderoso mercador. Ela tinha duas irmãs, ambas muito vaidosas, que adoravam ostentar o dinheiro que tinham, vivendo uma vida luxuosa, vestindo os melhores vestidos do reino e frequentando as festas mais suntuosas.

A filha caçula do mercador, no entanto, era humilde e generosa, não fazia questão de ostentar nenhum luxo. Para ela, o importante eram as pessoas e os livros.

Bela vivia uma vida de princesa até que o pai foi pego por uma tempestade em alto-mar, perdeu o navio com as mercadorias que comercializava e, com elas, toda a sua fortuna, restando à família apenas uma casa modesta e distante da cidade.

A derrocada financeira da família deixou as duas irmãs mais velhas revoltadas, descontando cruelmente suas frustrações em cima da doce Bela e de seu pobre pai. Generosa, a moça suportava tudo calada, tentando preservar o pai de mais sofrimento. Cuidava da casa, fazia todos os serviços sem nenhuma ajuda e sem se lamentar.

Desesperado para encontrar uma solução para os seus problemas, o pai de Bela viaja para uma cidade onde, ouvira dizer, poderia fazer bons negócios. Entusiasmadas com a simples possibilidade de voltarem a ter o luxo de antes, as duas irmãs mais velhas fazem ao pai uma série de pedidos – vestidos novos, joias, sapatos. Bela, compreendendo as dificuldades do pai, pede que ele lhe traga apenas uma rosa.

Na volta para casa, o pai de Bela decide colher uma linda rosa que vê no jardim de um palácio, mas é pego em flagrante pela fera que lá morava. Como castigo, a fera exige que o comerciante lhe entregue uma das filhas para devorar. Ao saber do acontecido, Bela é a única que se dispõe ao sacrifício a fim de salvar a vida do pai.

Quando Bela chega ao palácio da fera, o monstro é imediatamente tomado de amor por ela e, em vez de devorá-la, passa a tratá-la com delicadeza e carinho, presenteando-a com os mais ricos presentes e cortejando-a como uma verdadeira princesa. Bela, por sua vez, apesar de achá-lo feio e pouco inteligente, aos poucos acaba se afeiçoando ao monstro.

Um dia, Bela pede à fera que a deixe visitar a família. Muito a contragosto, a fera cede aos apelos da moça, com a condição de que ela retorne em uma semana. Mas, quando as irmãs mais velhas reencontram Bela e percebem que ela está bem, bonita e bem-vestida, ficam com inveja e a convencem a não voltar na data combinada, esperando que a fera enfim a devorasse.

Durante a noite, Bela sonha que a fera estava morrendo. Preocupada e arrependida, volta imediatamente ao palácio e encontra o monstro morrendo no jardim. Comovida, ela percebe que não pode mais viver sem ele, e, ao expressar seu amor pela fera, o feitiço que havia sobre o monstro se desfaz, ele se transforma

PASSO 8 : Enxergar

em um lindo príncipe, os dois se casam e vivem felizes para sempre.

O primeiro aspecto desse conto que abre a possibilidade de uma analogia com a vida financeira é o comportamento do pai. Bela é mais uma das heroínas dos contos de fadas que sofre os revezes da sorte principalmente porque o pai não soube manter seu patrimônio, não soube se preparar para o inesperado e, ao que tudo indica, viveu num padrão superior ao de suas posses, o que trouxe consequências terríveis para suas filhas.

Mas a chave principal da história está na questão da aparência. As filhas mais velhas do mercador orientam todo o seu comportamento por aquilo que é da aparência: os vestidos, os sapatos, as joias, o dinheiro. Enquanto Bela, em oposição a isso, valorizava as pessoas e o conhecimento.

E é justamente desse par de valores que se fará a sua salvação, pois a moça consegue intuitivamente enxergar, por trás da aparência asquerosa do monstro, o carinho e a delicadeza de um príncipe. Bela não se orientou pela aparência, e sim pela essência da fera.

Para quem quer ter dinheiro, é um perigo prender-se às aparências. Pois sustentar uma vida de aparência mais rica do que se pode ou do que se deveria é o modo mais fácil de desrespeitar o dinheiro e fazer com que ele suma de nossa vida.

Costumo dizer que uma estratégia realmente eficaz para quem quer ter dinheiro é viver sempre um degrau abaixo do padrão de vida que poderia sustentar. Porque, agindo dessa forma, sempre se terá uma margem de dinheiro para poupar e crescer. Já o contrário, viver sempre um degrau acima do padrão de vida sustentável, levará você, inevitavelmente, a um deficit, que, acumulado ao longo da vida, a deixará sempre sem dinheiro.

Trata-se, portanto, de uma escolha relativamente simples: você quer ter dinheiro de verdade, ou quer apenas aparentar ter dinheiro?

Se você vive em uma situação superior à de suas posses, precisa rever seus valores. E, principalmente, refletir sobre as razões que a levam a querer viver assim.

Passo 9

Controlar

Você precisa aprender a controlar o seu dinheiro, ou ele acabará controlando você.

PASSO 9 : Controlar

A esta altura, você já deve ter percebido que ter dinheiro, ou não, está diretamente relacionado ao comportamento. A chave para conseguir o que quer que seja em relação ao dinheiro está nas suas atitudes, na capacidade de ser fiel ao seu propósito e não perder o rumo. Mas tudo precisa ser feito com equilíbrio e moderação.

Você precisa ter o domínio total da sua vida financeira e assim conduzi-la para onde você quiser. Nada de se deixar levar, esperando que o destino decida até onde você pode chegar.

Por outro lado, é fundamental que as atitudes e os comportamentos se estabilizem num ponto de equilíbrio. Você não pode, de maneira nenhuma, deixar-se escravizar pelo dinheiro e perder a medida do que é razoável. Isto é, não permita que aconteça com você o que aconteceu com a Sapatinhos Vermelhos.

Ela vivia sozinha numa floresta, na qual passava seus dias completamente livre, até que, um belo dia, foi adotada por uma senhora rica, porém severa, que deu a ela uma educação rígida, submetendo-a a um regime rigoroso de ensinamentos.

Em sua nova casa, a menina não podia mais correr, pular na grama nem se sujar. Suas roupas tinham que estar sempre impecáveis, e seus modos, o mais contidos possível.

Certa vez, passando por uma loja, a velha senhora deu à menina a oportunidade de escolher um presente. A garota então apontou para um par de sapatinhos vermelhos que há muito avistara na vitrine e sonhava ter.

Contente com a aquisição, ela resolveu calçá-los para ir à missa com sua tutora. Na saída da igreja, um soldado elogiou o par de calçados e comentou que pareciam ótimas sapatilhas de dança.

A garota automaticamente começou a rodopiar ali mesmo. Saiu dançando pelas ruas, dava voltas em torno de si mesma, saltava, fazia piruetas. Muitas horas se passaram, e as pessoas, preocupadas, foram tentar deter a estranha força que parecia conduzir aquele par de sapatos.

Finalmente, um grupo conseguiu segurá-la, e os sapatinhos vermelhos foram arrancados dos pés da menina. A velha senhora os escondeu no fundo do armário e ordenou que ela jamais os colocasse novamente nos pés.

Sem resistir à tentação, a garota desobedeceu sua tutora e calçou novamente os sapatos. Imediatamente, começou a bailar loucamente e atravessou as fronteiras da propriedade onde morava. Chegou até a floresta dançando sem parar. Ela já estava exausta. Aquilo tudo tinha perdido a graça, mas a menina não conseguia arrancar o calçado dos pés.

Por fim, depois de muitas e muitas horas de sapateado, a garota cruzou com o carrasco de uma aldeia e pediu a ele que lhe arrancasse os calçados. O homem tentou, mas não conseguiu. Desesperada, a pobre menina implorou a ele que então lhe cortasse os pés, pois ela não aguentaria viver o resto de seus dias dançando. E o carrasco, com lágrimas nos olhos, amputou os pés da garotinha.

A história é trágica, mas necessária para nos fazer refletir sobre a questão do equilíbrio. Uma menina que vivia completamente livre numa floresta, agindo apenas de acordo com os seus instintos, passa, de um dia para o outro, a viver numa casa onde as regras são extremamente severas. Ou seja, ela sai bruscamente de uma situação de liberdade

PASSO 9 : Controlar

total para outra, de absoluta repressão. O resultado, obviamente, não poderia ser outro. A menina foi de um extremo ao outro.

Num processo de reeducação financeira, ocorre algo muito parecido. Como eu disse no começo da nossa conversa, o objetivo é proporcionar a você uma educação financeira libertadora, e não aprisioná-la em regras impossíveis de sustentar ao longo da vida.

Por isso, não pense que, por estar se reeducando, terá que abrir mão de todos os seus prazeres ou se tornar uma pessoa avarenta e mesquinha. É claro que você pode, e merece, se dar, de vez em quando, algum tipo de gratificação. Mas sem perder a medida das coisas, cuidando para que a realização daquele desejo não ponha seus sonhos maiores e seu equilíbrio financeiro a perder.

Você precisa controlar suas escolhas e nunca permitir que elas controlem você. No caso da Sapatinhos Vermelhos, os sapatos adquirem vontade própria e levam sua dona a um caminho de dor e mutilação.

A sensação inicial de êxtase que os calçados proporcionavam para a menina se parece muito com a que temos hoje em dia, quando avistamos algo numa vitrine e, não resistindo, levamos para casa. Nos primeiros momentos, nossos olhos brilham de contentamento por termos aquilo, porém, com o tempo, a vista se acostuma, e o que antes nos provocava prazer passa a ser algo comum, usado, gasto. E, pior, logo somos tomados pelo desejo de repetir a experiência de novo, de novo e de novo, infinitamente.

Para não cair na mesma cilada que a Sapatinhos Vermelhos, você precisa aprender a controlar o seu dinheiro, ou, do contrário, ele acabará controlando você. No entanto, precisa fazer isso com equilíbrio e moderação.

Passo 10

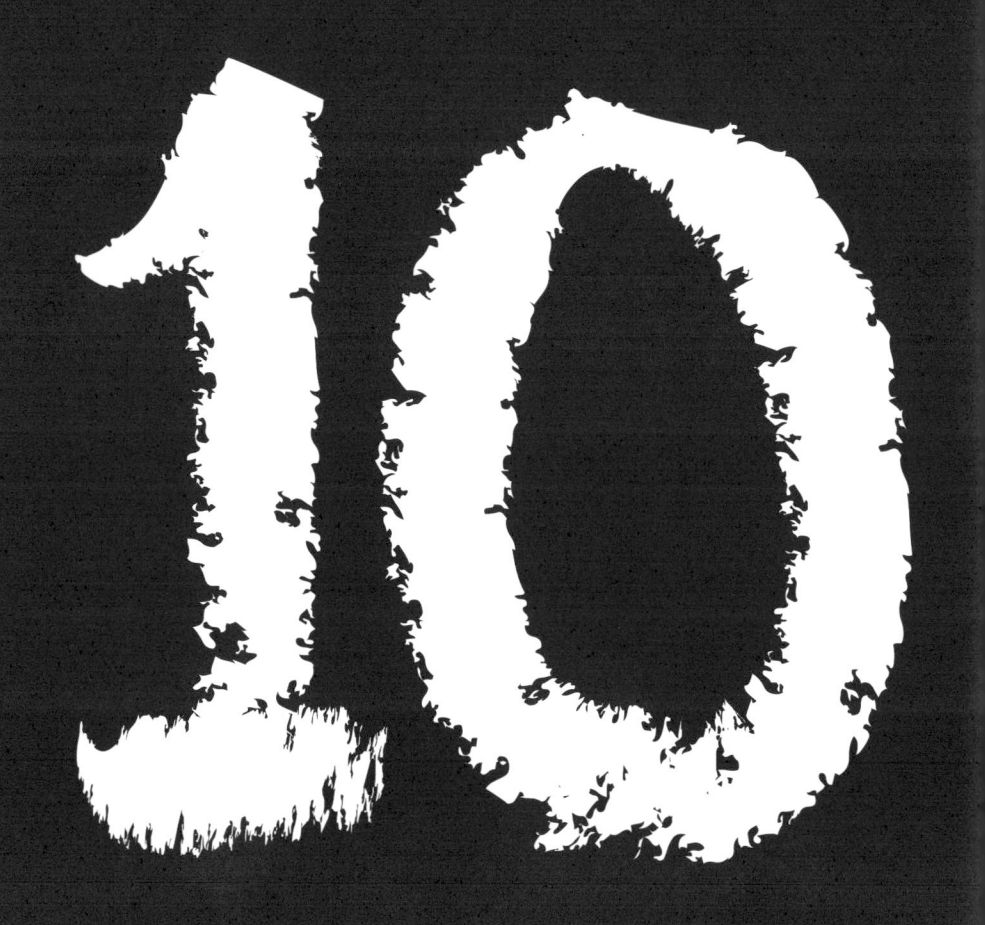

Guardar

A gente precisa ter prazer em ter dinheiro! O erro da maior parte das pessoas é que elas têm prazer em torrá-lo, em vez de guardá-lo para si!

PASSO 10 : Guardar

Quando o assunto é dinheiro, as pessoas pensam, muitas vezes, que existe uma fórmula mágica ou um mapa da mina cheio de segredos capazes de levá-las à riqueza. Na verdade, o que elas não percebem é que a solução pode estar bem diante de seus olhos.

Às vezes, as atitudes mais simples podem nos levar aos melhores resultados; no entanto, nós não as consideramos, pois estamos muito ocupados tentando entender teorias, cálculos matemáticos e manuais complexos, que podem não servir para nada.

Na vida financeira, no final das contas, é tudo muito simples! Se você despertar do automatismo, enxergar o que de fato merece, listar seus sonhos, efetuar o diagnóstico das suas despesas, fizer os cortes necessários, priorizar seus sonhos, mudar seus hábitos, planejar, tomar suas próprias decisões, controlar o seu dinheiro e passar a poupá-lo, será, com toda certeza, uma pessoa próspera.

Mas, dentre todas as ações estratégicas propostas até aqui, a mais importante é guardar. Para ter dinheiro, a coisa mais inteligente que você pode fazer é segurá-lo bem firme, retê-lo em suas mãos e guardá-lo a sete chaves.

Vale lembrar, conforme dito antes, que, para proteger o seu patrimônio, você deve também criar uma reserva emergencial, precavendo-se assim para as eventualidades não previstas da vida.

Se quiser buscar um apoio nas heroínas dos contos de fadas, lembre-se da Branca de Neve, talvez a mais famosa das princesas, que tinha cabelos negros como o ébano, lábios vermelhos como o sangue e pele branca como a neve.

Conta a história que, desde pequena, Branca de Neve vivia com seu pai e uma poderosa e bela rainha, porém muito arrogante, com a qual ele havia se casado após a morte da mãe da menina.

Depois que o pai morre, a garota passa a viver somente com a madrasta, que tinha um misterioso espelho mágico, o qual só falava a verdade.

Constantemente, a rainha, sempre vaidosa, perguntava ao seu espelho quem era a mulher mais bela do mundo, e ele, prontamente, respondia que era ela.

No entanto, quando Branca de Neve cresceu e atingiu seus 17 anos, a madrasta, insegura, foi novamente abordar seu espelho e, para seu total descontentamento, ouviu como resposta que sua beleza já não era tanta quanto a de Branca de Neve.

Cheia de inveja, a rainha contratou um caçador e ordenou que ele matasse Branca de Neve e lhe trouxesse seu coração como prova. O homem, após capturar a jovem, teve pena e a deixou fugir, recomendando que se escondesse na floresta e jamais voltasse a aparecer pelas redondezas.

Na intenção de prestar contas à rainha, o caçador retornou à casa. Ele entregou a ela o coração de um javali que havia caçado na floresta. A madrasta de Branca de Neve cozinhou o coração do animal e o comeu, acreditando ser da enteada. Porém, ao consultar o espelho mágico, ficou furiosa ao ouvir novamente a sentença de que Branca de Neve era ainda a mulher mais bela em todo o mundo.

A jovem fugiu pela floresta, até encontrar uma pequena casa. Ao entrar, descobriu que lá moravam sete anões. Com fome e sede, a moça tomou um pouco d'água de cada copo e comeu um pouco da comida de cada prato. Ao ver a bagunça do ambiente, decidiu arrumar e limpar tudo. Depois, muito cansada, acabou adormecendo numa das camas.

PASSO 10 : Guardar

Ao anoitecer, os anões levaram um susto ao perceber o ambiente modificado, mas logo se acalmaram ao constatar que o invasor era apenas uma bela e inofensiva moça. Os sete anões concederam a ela o direito de morar ali, na condição de que continuasse mantendo a casa limpa e arrumada, como havia feito naquele dia.

E assim foi feito. Branca de Neve passou a lavar, passar e cozinhar para os sete homenzinhos. Aguentava o mau-humor de um, as reclamações do outro, a preguiça de um terceiro. No fundo, se sentia agradecida por ter sido acolhida na casa dos anõezinhos quando vagava pela floresta sem abrigo.

A rainha malvada, no entanto, inconformada com a repetitiva e indigesta resposta de seu espelho, passou a procurar pela enteada, até que a encontrou do outro lado da floresta e, disfarçando-se de fazendeira, ofereceu-lhe uma maçã envenenada. Ao aceitar a oferenda, Branca de Neve desmaiou e permaneceu desacordada por um longo tempo.

Os sete anões, mesmo deduzindo que ela estivesse morta, optaram por não enterrá-la, com pena de esconder do mundo tão grande beleza. Assim, Branca de Neve foi posta num caixão de vidro, apoiado por pedras, numa região próxima à casa de seus amigos.

Certo dia, um príncipe que andava pelas redondezas avistou o caixão de vidro e viu que dentro dele estava a linda donzela. O nobre rapaz, fascinado pela esplendorosa visão, não resistiu e deu um beijo na moça, despertando-a do feitiço.

Por fim, depois de uma série de privações pelas quais havia passado, Branca de Neve se casou com o príncipe e viveu feliz para sempre ao seu lado.

O primeiro aspecto que chama a atenção no comportamento da personagem é a grande diferença entre a sua atitude ao encontrar uma casa de terceiros na floresta e a atitude que vimos Cachinhos Dourados ter em situação semelhante.

Ao entrar na casa dos anões, Branca de Neve estava exausta e faminta, porém, ao contrário da Cachinhos Dourados, ela come e bebe moderadamente (um pouquinho de cada copo e de cada prato dos anões), demonstrando maturidade ao readequar suas necessidades à nova realidade que se apresenta.

Branca de Neve também nos ajuda a pensar na necessidade de prevenção para acontecimentos inesperados. Não adianta apenas ter dinheiro no momento presente, é fundamental zelar por ele e separar uma parte dele para poder se respaldar nas intempéries da vida.

Portanto, além de acumular o seu dinheiro para a realização dos seus sonhos, é preciso reservar também uma porcentagem estratégica para ocasiões emergenciais.

Se você está aí pensando: "Puxa, mas eu nem tenho dinheiro para tudo isso. Separar uma parte para sonhos e, ainda mais, outra para uma reserva estratégica...". Pois eu lhe digo que, seguindo os demais passos, você verá que é possível, sim, economizar, e ter dinheiro para guardar. E, acredite, seja qual for a sua idade, você está atrasada nessa corrida, pois o ideal é que a gente aprenda a guardar o nosso dinheiro desde a infância.

No entanto, nunca é tarde para arregaçar as mangas e se dedicar a fazer algo em que acredita. Juntar o seu primeiro montante de dinheiro pode parecer difícil, mas, se você consegue dar início ao processo e chega a obter um valor considerável, o dinheiro passa a, de certa forma, gostar de estar sob o seu domínio, e ele, incrivelmente, aumenta de tamanho.

Parece exagero, mas é verdade. Estou falando de uma coisa chamada juros. Quanto mais você aplicar

PASSO 10 : Guardar

o dinheiro, mais rapidamente a sua reserva financeira se ampliará.

Para começar a poupar, você deve escolher um banco confiável e seguro. O banco não é apenas aquela instituição que nos leva a tomar empréstimos, nem é o lobo mau que nos empurra cheques especiais, limites de crédito, entre outras "facilidades" que nos levam ao desequilíbrio financeiro. O banco pode ser nosso amigo. Sabe como? Se aprendermos a nos relacionar com ele de maneira inteligente, ponderada e astuta.

O primeiro passo é abrir uma caderneta de poupança, aplicar em um CDB (Certificado de Depósito Bancário), tesouro direto ou ainda uma previdência privada para ter uma aposentadoria sustentável. Além disso, passar a, disciplinadamente, depositar, no mínimo, 10%, 20% ou até 30% da sua renda mensal lá. O banco, em contrapartida, vai colocando um pouquinho de dinheiro lá para você, todo mês. E quanto mais dinheiro acumulado, maior será o valor que o banco lhe depositará. Simples assim. Essa é a base do que, no jargão econômico, se chama juros compostos.

A poupança, que é o mais simples dos investimentos, quando alimentada mensalmente, é capaz de lhe assegurar um montante considerável de dinheiro. No entanto, é recomendável diversificar os investimentos e não concentrar todo o seu dinheiro em uma única instituição financeira. Sempre oriento que se guarde dinheiro para no mínimo três sonhos: curto prazo (até um ano), médio prazo (até dez anos) e longo prazo (acima de dez anos).

Quando o seu montante atingir uma quantia considerável, é aconselhável buscar orientações mais aprofundadas sobre outras opções de investimentos. Um bom especialista na área poderá ajudar você a entender quais são as melhores escolhas de aplicação daí por diante.

Seja esperta e aprenda a distribuir seus rendimentos em, pelo menos, três tipos de investimento: um para os sonhos de curto prazo (caderneta de poupança); outro para os sonhos de médio prazo (CDB, tesouro direto, fundos de investimento, ouro etc.); e, finalmente, outro para os sonhos de longo prazo (previdência social e privada, tesouro direto, imóveis etc.).

Viu como é simples? Cálculos matemáticos mirabolantes e livros teóricos não resolverão a sua vida financeira. No entanto, ações simples como guardar parte do dinheiro que passa por suas mãos pode fazer toda a diferença.

Por último, chamo aqui sua atenção para que sempre que guardar dinheiro tenha sonhos atrelados às suas aplicações.

Conclusão

Realizar

Faça acontecer! Escolha o destino que você quer ter. Você pode e merece!

CONCLUSÃO : Realizar

Com licença, eu posso ler seus pensamentos? Aposto que, ao chegar até aqui, você deve estar se perguntando: "E agora que eu já sei?".

Pois eu lhe digo: um mundo de possibilidades se descortina à sua frente. Você merece ter dinheiro, e a receita do bolo já lhe foi dada: despertar, merecer, diferenciar, cortar, modificar, planejar, decidir, enxergar, controlar e guardar. Agora, cabe a você, diante do que aprendeu, realizar tudo o que sonha.

Este livro tinha um propósito, e minha missão está praticamente cumprida. Daqui pra frente, a personagem principal é você, e chegou a hora de, finalmente, escolher quem quer ser e como pretende estar no mundo!

No decorrer da nossa conversa, analisamos a vida de muitas heroínas. Embora aparentemente ingênuas, elas foram capazes de enfrentar a vida e fazer o melhor que podiam com os recursos que tinham.

Como eu disse lá nas primeiras páginas, você merece ter dinheiro, portanto lute por ele com todas as forças. Cuide dele com carinho e respeito, acompanhe seu crescimento, zele por ele! Pense 50 vezes antes de retirar qualquer nota da sua carteira, utilizar uma simples moedinha do seu porta-níquel ou efetuar uma operação bancária.

Por fim, aprenda a ter amor por seu dinheiro, apegue-se a ele, divirta-se ao vê-lo se multiplicar, pois só dessa maneira você conquistará a sua liberdade e independência financeira a fim de fazer escolhas.

CONCLUSÃO : Realizar

O resto é armadilha!

Você tem que fazer isso! Porque você merece e porque eu mereço. Afinal, eu escrevi tudo isso até aqui. Eu apostei em você, eu acreditei e acredito que você pode.

Se ainda assim você duvidar, tudo bem; não faça por mim nem por você... faça por elas!

A Bela Adormecida precisa que você acorde a tempo; Cinderela espera que você não dependa da riqueza de um homem para mudar de vida; Rapunzel tem certeza de que toda a sua força está dentro de você mesma; Cachinhos Dourados faz figa para que você resista aos impulsos que não vão te levar a nada; Chapeuzinho Vermelho precisa vê-la escolhendo e decidindo seus próprios caminhos, pois ela não foi esperta o suficiente para fazer isso.

A Pequena Sereia torce para que você faça os cortes necessários nos seus gastos e jamais abra mão daquilo que define quem você é; Branca de Neve precisa vê-la conquistando a sua independência, porque ela não teve condições de fazer isso; a Sapatinhos Vermelhos tem a expectativa de que você possa ter autocontrole e equilíbrio, porque isso é algo que nunca ensinaram a ela; Bela espera que você seja previdente e não se deixe enganar pelas aparências; e a Pequena Vendedora de Fósforos deseja que seus sonhos possam se realizar e que você tenha muito, mas muito tempo para curti-los, porque ela não teve essa chance.

Todas elas torcem muito por você! E garantem:

Um livro nunca termina, pois, ao fechá-lo, uma nova história começa: a de quem o estava lendo.

Boa sorte e acredite na beleza de seus sonhos!

DSOP Educação Financeira

Disseminar o conceito de educação financeira contribuindo para a criação de uma nova geração de pessoas independentes financeiramente. A partir desse objetivo principal foi criada, em 2008, a DSOP Educação Financeira. Presidida pelo professor, educador e terapeuta financeiro, Reinaldo Domingos, a DSOP Educação Financeira oferece uma série de produtos e serviços sob medida para pessoas, empresas e instituições de ensino interessadas em ampliar e consolidar o conhecimento sobre o tema.

São cursos, seminários, workshops, palestras, formação de educadores financeiros, capacitação de professores, Pós-Graduação em Educação e Coaching Financeiro, licenciamento da marca DSOP por meio da Rede de Educadores DSOP e Franquia DSOP. Mantenedora da Associação Brasileira de Educadores Financeiros - Abefin.

Cada um dos produtos foi desenvolvido para atender às diferentes necessidades dos diversos públicos, de forma integrada e consistente. Todo o conteúdo educacional é desenvolvido pela Editora DSOP e segue as diretrizes da **Metodologia DSOP**, concebida a partir de uma abordagem comportamental em relação ao tema finanças.

Criada por Reinaldo Domingos, a Editora DSOP é referência em Educação Financeira e atua também nos segmentos de autoconhecimento e desenvolvimento pessoal e literatura de ficção nacional e estrangeira. A DSOP Educação Financeira e a Editora DSOP são certificadas pelo ISO - 9001.

Infomações adicionais

No portal da DSOP Educação Financeira (www.dsop.com.br), você encontra todas as simulações, testes, apontamentos, orçamentos e planilhas eletrônicas.

Contatos do autor:
reinaldo.domingos@dsop.com.br
www.dsop.com.br
www.editoradsop.com.br
www.reinaldodomingos.com.br
www.twitter.com/reinaldo_dom
www.twitter.com/EditoraDSOP
www.facebook.com/domingosreinaldo
www.facebook.com/eumerecoterdinheiro
www.facebook.com/DSOPEducacaoFinanceira
www.facebook.com/EditoraDSOP
Fone: 55 11 3177-7800

Outras obras do autor

- Terapia Financeira – Realize seus sonhos com Educação Financeira
- Livre-se das Dívidas – Como equilibrar as contas e sair da inadimplência
- Ter Dinheiro não tem Segredo
- O Menino e o Dinheiro
- O Menino, o Dinheiro e os Três Cofrinhos
- O Menino, o Dinheiro e a Formigarra
- O Menino do Dinheiro – Sonhos de família
- O Menino do Dinheiro – Vai à escola
- O Menino do Dinheiro – Ação entre amigos
- Coleção DSOP de Educação Financeira para o Ensino Básico: Infantil, Fundamental e Médio
- Apostila do Curso DSOP de Educação Financeira
- Curso DSOP de Educação Financeira para Jovem Adulto
- Curso DSOP de Educação Financeira para Jovens Aprendizes

dsop

Mais que livros, sonhos!

Este livro foi impresso em São Paulo, em julho de 2013, pela Intergraf Ind. Gráfica Ltda. para a Editora DSOP. A fonte usada no miolo é Gotham Book, corpo 11. O papel do miolo é Offset Alta Alvura IMUNE 120g/m², e o da capa é Metalboard TP PET prata 10 305g/m².